"我是档案迷"丛书

卜鉴民 主编

丝绸之路与苏州丝绸文化

SICHOU ZHI LU
YU SUZHOU SICHOU WENHUA

周玲凤 陈明怡 薛怡 费乙丽 史唯君 王颖华 编著

苏州大学出版社
Soochow University Press

图书在版编目(CIP)数据

丝绸之路与苏州丝绸文化/周玲凤等编著. —苏州：苏州大学出版社,2020.5
("我是档案迷"丛书/卜鉴民主编)
ISBN 978-7-5672-3152-8

Ⅰ.①丝… Ⅱ.①周… Ⅲ.①丝绸之路－文化史②丝绸－文化研究－苏州 Ⅳ.①K203②TS146-092

中国版本图书馆 CIP 数据核字(2020)第 061997 号

丝绸之路与苏州丝绸文化

周玲凤 陈明怡 薛 怡 编著
费乙丽 史唯君 王颖华

责任编辑 王 亮

苏州大学出版社出版发行
(地址：苏州市十梓街1号 邮编：215006)
苏州工业园区美柯乐制版印务有限责任公司印装
(地址：苏州工业园区东兴路7-1号 邮编：215021)

开本 787 mm×1 092 mm 1/32 印张 2.875 字数 47 千
2020 年 5 月第 1 版 2020 年 5 月第 1 次印刷
ISBN 978-7-5672-3152-8 定价：23.00 元

若有印装错误，本社负责调换
苏州大学出版社营销部 电话：0512-67481020
苏州大学出版社网址 http://www.sudapress.com
苏州大学出版社邮箱 sdcbs@suda.edu.cn

"我是档案迷"丛书

主　编	卜鉴民
副主编	谢　静　吴　芳　陈　鑫　赵　颖
编　委	谈　隽　方玉群　栾清照　吴　飞
	杨　韬　陈明怡　周玲凤　姜　楠
	程　骥　苏　锦　石　浩　薛　怡
	史唯君　费乙丽　王颖华　商大民
	皇甫元

"我是档案迷"丛书

序

广袤富饶的平原,辽阔壮美的草原,浩瀚无垠的沙漠,奔腾不息的江海,巍峨挺拔的山脉,承载和滋润了多彩的世界文明。在人类的历史长河中,值得留住的记忆灿若星辰:距今3000多年的中国殷墟甲骨文、东南亚以爪哇文字写成的班基故事、壮丽颂歌贝多芬第九交响曲、记录大航海时代地理新发现的瓦尔德泽米勒绘制的世界地图、见证马克思主义诞生的《共产党宣言》手稿……这些珍贵的档案文献遗产是知识和智慧的源泉,承载着人类社会的共同记忆。

青少年是实现美丽中国梦的生力军。如何让青少年了解、亲近这些宝贵的世界记忆? 如何让青少年在档案馆里感受历史文化的变迁? 如何让青少年在建档过程中见证自身的成长? 带着这些问题,苏州市工商档案管理中心(以下简称"中心")开展了一些有益探索。2017年,中心馆藏的"近现代中国苏州丝绸档案"成功入选《世界记忆名录》。作为29592卷丝绸档案的守护者,中心于2018年成立世界记忆项目苏州学术中心,大力开展世界记忆项目进校园和未成年人成长档案建设等活动,以提升青少年对于世界记忆、文献遗产以及丝绸档案的认识。

"我是档案迷"丛书也是探索所取得的成果之一。自2018年开始,经过一年多的努力,这套书终于付梓与大家见面了。丛书共含6册,涵盖了未成年人成长档案、苏州丝绸业、丝绸之路、世界记忆项目等众多内容。为避免海量知识的简单罗列,在丛书策划之初,我们就建立了档案的"未成年人观",以孩子的需求为创作的起点。我们仔细揣摩青少年的心理特点及阅读需求,正式推出了苏州丝绸档案的卡通形象代言人"兰兰""台台",将一个个历史档案故事融入他们一系列的探险活动,以富有感染力的文字、生动有趣的图画和与知识紧密契合的游戏,引导青少年朋友们去接触世界记忆、了解文献遗产、认识苏州丝绸档案,让档案真正走进校园、走近青少年。

档案是连接过去的纽带,是照亮未来的火把,是带领我们避开记忆迷途的指南针。在书中,档案赋予我们超能力。当我们化身"兰兰""台台",驾着时空机,穿越古今,重回档案现场,亲历中国记忆的重要瞬间时;当我们变身档案迷,在中国丝绸档案馆中闯关探险,解读珍贵丝绸档案时;当我们跟着方叔叔,建档爱档,一起制作自己的成长档案时……保护文献遗产的种子便在我们心头播种,参与世界记忆项目的小树便在我们心中成长。

如此可读、可玩、可品的丛书的问世,汇聚了众人的心血,凝结了集体的智慧。感谢国家档案局和世界记忆项目中国国家委员会对丛书的大力支持;感谢入选《世界记忆名录》《世界记忆亚太地区名录》的文献遗产保管单位提供丰富的资料和专业的指导;感谢陈紫君为《丝绸之路与苏州丝绸文化》一书创作多幅精美插画;感谢中心已退休的老同志商大民、皇甫元提供大量有关苏州丝绸以及《红楼梦》的资料;感谢中心王颖华为丛书拍摄所有照片;感谢苏州市档案馆监督指导处及中心的同志们共同承担图书的编撰工作。正是大家的通力合作,编写工作才能顺利完成。

文明永续发展,需要薪火相传、代代守护,更需要顺时应势、推陈出新。中华传统文化博大精深、源远流长,但无论是对档案文献遗产的保护与开发,对苏州丝绸历史的学习与探讨,还是对经典巨作《红楼梦》的解读与分享,都要与时偕行,不断吸纳时代精华。"我是档案迷"丛书的出版于我们而言是顺应时代的一次大胆而有益的尝试。我们真心希望青少年朋友们可以在丛书的引导下,走进档案馆,亲近文献遗产,感受中华文化的生生不息和代代传承,感受文明互鉴的流光溢彩和绚丽多姿!

卜鉴民

2020 年 3 月 5 日

人物介绍

兰兰

丝绸档案家族的一员。爱看书,爱学习,爱探索。擅长历史,喜欢各种美的事物。性格温和,富有爱心。生活中处处照顾弟弟,是弟弟的好榜样。

台台

兰兰的弟弟,同样也是丝绸档案家族的一员。调皮可爱,心直口快,对未知事物总是充满好奇,脑袋里装了无数个小问号。非常崇拜姐姐,总是围着姐姐转。

目录 CONTENTS >>>

- **1** 卷首语
- **2** 丝绸之路概说
- **11** 陆上沙漠绿洲丝绸之路
- **14** 陆上草原丝绸之路
- **18** 海上丝绸之路概说
- **22** 海上丝绸之路三处遗址
- **27** 海上丝绸之路的主要历史发展
- **45** 苏州织造署

虎丘塔(云岩寺塔)

 瑞光塔

 锦帆泾(锦帆路)

 先蚕祠

 苏州市第一丝厂

 太仓浏家港

 苏州锦绣丝织厂

 后记

卷首语

通过这本书，我们可以沿着丝绸古道，仔细欣赏一幅幅纵横于天地间宽广而深邃的画卷。在陆上，我们可以尽情感受沙漠和草原的壮美风光；在海上，我们可以领略海上丝绸之路发展的璀璨历史。华夏民族就是通过这条丝绸之路把灿烂而独特的古文明传播到了世界。

水韵悠悠，丝连古今，素有"丝绸之府"美誉的苏州是我国丝绸文化发源地之一。悠久的丝绸文化是这座城市精神的延伸，苏州织造署、云岩寺塔等丝绸遗存无不见证着它的历史沉浮。

就让我们跟着兰兰和台台一起领略丝绸之路与苏州丝绸文化的魅力吧！

丝绸之路概说

一天,兰兰和台台前往图书馆借阅书籍。无意间,他们发现一本期刊上有关于"一带一路"的新闻报道。

台台拿起这本期刊,一脸疑惑地问:"姐姐,什么是'一带一路'呀?"

兰兰接过书细细地瞧了瞧:"呃……'一带一路'就是'丝绸之路经济带'和'21世纪海上丝绸之路'的简称。2013年9月和10月,国家主席习近平在出访中亚和东南亚期间,先后提出共建'丝绸之路经济带'和'21世纪海上丝绸之路'的合作倡议。"

台台翻阅着期刊对姐姐说:"你这么解释有点深奥,我还是不太明白。"

为了让台台清楚直观地了解什么是"一带一

路",兰兰想了想说道:"这样吧,姐姐带你去看个有关丝绸之路的展览,看完展览估计你就会明白的。"

台台欢呼道:"好呀,好呀,我最喜欢看展览了。"

兰兰召唤来了时空机,带着台台前往苏州市工商档案管理中心。

时空机停靠在了一处空地上,首先映入兰兰和台台眼帘的是一块大展板,上面写着"锦瑟万里 虹贯东西——'丝绸之路'历史档案文献展"。

兰兰指着展板说:"这就是我想带你看的展览,通过观看展览你就会对丝绸之路有个基本的了解。走,我们快进去吧。"

兰兰和台台通过感应门进入了展厅。只见台台停住了脚步,他好像发现了什么,指着一张示意图问兰兰:"难道这张图就是丝绸之路的路线图吗?"

兰兰凑近仔细看了看图:"是的,这张就是古丝路沿线不同文明交汇点示意图。"

台台一脸疑惑地看着兰兰:"那到底什么是丝绸之路呢?"

兰兰轻轻地点了点台台的小鼻子:"嘻嘻,这你就不懂了吧,姐姐慢慢和你说啊。'丝绸之路'呢,是一个随着历史衍变而来的词汇,最早出现在中国的周朝和秦汉时期。中国是世界上第一个养蚕制丝的国家。公元前139年,西汉著名的外交家、旅行家张骞将中国人的眼界引向了西域,从此开启了汉通西域之路,后来就有了这条著名的丝绸之路。"

"嗯……张骞?这个名字有点熟悉,但又想不起他是谁。"台台摸了摸小脑袋。

"张骞是中国西汉杰出的外交家,丝绸之路的开拓者,他可是'第一个睁开眼睛看世界的中国人',被称为'东方的哥伦布'呢。"兰兰骄傲地说道。

台台思索了一下说道:"姐姐这么一提醒我有点印象了,他当时奉汉武帝之命出使大月氏,目的是攻打匈奴。"

"对呀。"兰兰继续解释道,"张骞出使西域还促进了西汉与西域之间的商贸文化交流,从此,中原与西域的交往进一步建立起来。"

台台若有所悟:"原来是这么回事儿呀。"

兰兰带着弟弟继续参观,忽然,展厅中的一个视频吸引了台台:"姐姐你快来看呀,这里有台电视机呢!"

视频里一列驼队在沙漠中缓慢地行走。兰兰看着视频对弟弟说:"我猜想这个场景应该就是反映当年张骞出使西域走的那条陆上丝绸之路吧。"

台台指着墙上的展板开心地说:"姐姐,真的是哦,你看这边还有张骞出使西域的相关文献记载呢。"

兰兰一脸得意,"那我来考你一个问题,除了张骞之外,你还知道哪些与丝绸之路相关的著名人物吗?"

台台耸了耸肩,摊开手说:"我不知道哎。"

"虽然丝绸之路的起源在中国,但是这个名称最早出自德国地理学家费迪南·冯·李希霍芬1877年出版的《中国》一书,他在第一卷中首次提出了'丝绸之路'的概念。千百年来,这些兴替变换的商道像一条七彩丝带,连接着华夏与世界。除了商品间的贸易外,丝绸之路还带动着文化、科技、艺术的交流,甚至血统的融合。"兰兰说。

"这么多种形式的交流与融合,我有点听不懂了,姐姐你能不能细细地跟我讲一讲呢?"台台迫不及待地说道。

兰兰想了想说:"我觉得这个展览应该有关于丝绸之路商贸、文化交流方面的文献记载。我们去后面找找看。"

丝绸之路 与 苏州丝绸文化

姐弟两人找啊找啊,发现了一张绿色与橙色相间的展板格外醒目,他们俩同时凑了上去。

兰兰指着这张展板信心满满地说:"找到了,就是这个,这是一张陆上'丝绸之路'输出、传入物产图表,我来慢慢跟你讲啊。首先是交流商品。对了,台台,姐姐问你,你最喜欢吃什么水果?"

台台摸了摸自己的小肚子,舔着小舌头说:"我爱吃苹果、葡萄,还有石榴和草莓。"

兰兰指着展板说:"你爱吃的葡萄和石榴可都是从国外经丝绸之路传入中国的呢。"

台台一脸惊讶:"怎么可能,这些不都是我们在菜市场很容易就能买到的吗?"

兰兰摇了摇头笑着说道:"没有丝绸之路这条商贸通道,我们就不可能在菜市场买到这些水果。除了葡萄和石榴外,你常吃的黄瓜、胡萝卜、核桃、芝麻等也都是从国外传入的呢,你就不知道了吧。"

台台感叹道:"噢,我还是第一次听说呢。那国外传输了这么多丰富的物产给我们,我们应该也有物产交换给他们吧?"

"那当然啦,我们输出的物产以丝绸、瓷器、茶叶为主,还有漆器、铁器、纸币、火药等。另外,我们还带给他们许多当时很先进的技术呢,比如说纺织技术、造纸术、冶铁术、灌溉技术等。这说明什么你知道吗?"兰兰对着台台自豪地问道。

台台兴奋地回答:"这个我知道,说明中国的技术当时在全世界处于领先水平。"

兰兰笑眯眯地点着头:"台台真聪明!嘻嘻,当然国外也给我们提供了不少先进的技术,其中最有代表性的就是医学与数学。"

台台惊叹道:"哇……原来我们现在的西医和我们学的数学都是国外传来的呀!"

"除了以上跟你说的物产与技术的交流之外,你知道吗,丝绸之路还带动了中国与世界多地的文化、宗教交流。"兰兰说道。

台台听完环顾了一下四周,他想展厅中应该有关于丝绸之路文化、宗教交流的文献记载。这时一块石碑的照片引起了他的注意。"姐姐,你看这上面的内容是反映文化、宗教的交流吗?"

兰兰看了下展板内容,嘴里读着:"大秦景教流行中国碑……"她斟酌了一下,答道:"是的,这上面记载的就是一个传教士叫阿罗本,在唐贞观年间,他沿着于阗等西域古国,经河西走廊来到京师长安。他拜谒了唐太宗,受到礼遇。唐太宗准其传教,并为其建寺,于是景教便在长安等地区传播开来。"

"原来是这样啊!第一次听说景教呢!"台台觉得很新奇。

兰兰点了点头:"对啊,除了景教外,还有佛教、道教、摩尼教等。"

"丝绸之路真是太神奇啦,好想去看看呢。"台台扯了扯姐姐的衣角,撒娇道。

兰兰爽快地答应:"好啊,等有时间了带你去看一看。"

台台用力地拍着手,开心极了:"真是太好了,又可以出去见世面了!对了,姐姐,丝绸之路就是一条路吗?这条路从哪儿到哪儿啊?"

"丝绸之路啊,有狭义和广义之说。狭义的丝绸之路,专指汉唐时期西运的途径,自长安经过中亚、西亚,至地中海西岸,路程约7000千

米。"兰兰说。

兰兰还没有说完,台台又歪着小脑袋问:"那广义的呢?"

"广义的丝绸之路指从上古开始陆续形成的,遍及欧亚大陆甚至包括北非和东非在内的长途商业贸易和文化交通线路的总称。"兰兰答道。

"姐姐解释得真详细啊!那是不是除了这些还有其他的解释?"台台继续问道。

"没错!除了上述的路线之外,丝绸之路还包括陆上沙漠绿洲丝绸之路、陆上草原丝绸之路、海上丝绸之路等。"兰兰耐心详细地解答道。

台台一脸惊讶:"哇,原来丝绸之路有这么多条线路啊!我真是长见识了,回头我要多查点资料研究研究。"

见台台这么感兴趣,兰兰提议:"要不我们这就出发去丝绸之路看看?"

台台喜出望外:"太好了,我们现在就出发吧!"

"说走咱就走!"兰兰说完,带着台台走出展厅,坐上了时空机,开启了一场沙漠之旅。

陆上沙漠绿洲丝绸之路

　　远处的一队骆驼,在大漠的孤烟中慢慢地移动着。台台指着骆驼惊叹道:"哇!姐姐你看,这里的骆驼真多呀!个个高大健壮,背上还有两个大大的驼峰,这可是我第一次亲眼看见真的骆驼呢!"

　　兰兰看着弟弟见到骆驼的兴奋样子,笑笑说道:"先别忙着看骆驼啦,我在这里先给你普及个小知识吧。"

　　台台开心地问:"啥啊?是说骆驼吗?"

　　"对啊,你知道吧,骆驼被称为'沙漠之舟',是沙漠中的主要交通工具。动物符号是特别易于取得丝路沿线国家人民认同的文化符号,例如骆驼文化、马文化、熊猫文化等。马是古代陆上最快的交通工具,无论是'皮毛之路''唐蕃古道'还是'茶马古道',马都是作为一种重要的交通工具。而熊猫文

化则是当代中华文化的一张名片。"兰兰娓娓道来。

台台喜出望外:"我知道啦,姐姐。"

突然,一阵风刮过,飞沙四处弥漫,兰兰下意识地举起手臂挡住了眼睛问道:"台台,你知道为什么姐姐会带你来沙漠吗?"

"啊?"台台一头雾水地对着姐姐说,"这我怎么知道呀?"

兰兰拍了拍弟弟身上的沙土,牵着他的手边走边说:"沙漠绿洲丝绸之路又称西域丝绸之路,是著名的欧亚文化交流之路。此路东起长安,经河西走廊到敦煌,由敦煌起可分为南北两路。不到沙漠怎么能带你穿越丝绸之路呢?这下知道我为什么带你来沙漠了吧?"

台台一边点头,一边又问:"嗯,姐姐,你刚说到的'敦煌',就是'敦煌莫高窟'的'敦煌'吧?"

"是的,敦煌是丝绸之路上的交通要道。所以,丝绸通过漫长的沙漠绿洲丝绸之路运到了遥远的西方,不仅带去了美丽的衣着面料,也促进了沿途各国的贸易交流和文化传播。"兰兰说道。

说着说着,兰兰和台台坐上了时空机,离开了大沙漠。兰兰心想,陆上丝绸之路可不止这一条,她还要带台台去其他地方呢!

丝绸之路与苏州丝绸文化

陆上草原丝绸之路

时空机带着兰兰、台台降落在了一望无际的大草原上。草原上绿草如茵,苍翠欲滴。放眼望去,膘肥体壮的牛羊、小马在地上吃草,牧人挥舞着鞭子,唱着悠扬的蒙古长调。面对这么大的草原,台台感叹道:"刚刚是漫无边际的沙漠,现在是广袤无垠的大草原。不禁让我想起一句诗——天苍苍,野茫茫,风吹草低见牛羊。真是太美了,要是我们每天生活在这里,那该有多好啊!"

兰兰看着台台一脸向往的神情,说道:"这里不仅风景优美,还有很深的文化底蕴呢。"

台台迫不及待地问:"有什么文化底蕴啊,姐姐?"

"带你看草原就是想告诉你还有草原丝绸之路。草原丝绸之路是一条较早开通的文化、贸易草原通道。它又称'皮毛之路',是历史上由中国内地

经漠北蒙古草原向西经中亚草原至南亚、西亚、欧洲和北非的交通道路。"兰兰说。

台台又开始好奇起来了:"那为什么称为'皮毛之路'呢?这个名字怎么那么好玩呀。"

"那是因为啊,中原作为农业地区,以农耕为主,盛产粮食、麻、丝及手工制品,而农业发展所需要的大量牲口畜力却是本地无法满足的。北方草原地区以畜牧业为主,盛产牛、马、羊以及皮、毛、肉、乳等畜产品,但缺少粮食、纺织品、手工制品等生活用品。中原地区与草原地区在经济上的这些需求互补,成为双边贸易持续发展的先决条件。"兰兰滔滔不绝地说。

这时,一群穿着长袍、系着腰带、头戴装饰的人一下子把兰兰和台台的目光吸引了过去。台台指着那群人问:"姐姐,你看那边一群人的穿着,和我们一点也不同,他们是什么人啊?"

兰兰想了想,回答道:"他们应该是游牧民族吧。在这里,主要活动人群就是这些北方游牧民族,他们是草原文化的缔造者,也是传递和传承丝绸文化的重要使者。"

台台的目光一直注意着牧民旁边的一群马,兰兰看出了弟弟的心思,笑道:"你是不是又想问我这些牧民们为什么跟马生活在一起?"

台台摸了摸小脑袋,做了个鬼脸。

兰兰思索了一下:"告诉你呀,这些牧民们世世代代养马,马已成为他们生活中不可缺少的交通工具。他们骑马驰骋在欧亚草原,加快了东西方文化融合的进程。"

台台立刻兴奋了起来:"姐姐,我好想去骑一骑马呀。"

"今天我们就先不骑马了,时间紧,我们还要去下一个地方呢。"兰兰说完,感觉自己有点影响到了台台的情绪,因为看到台台好像因为没有骑到马有点不开心了。

兰兰赶忙安慰台台:"台台,我和你说的沙漠绿洲丝绸之路和草原丝绸之路都属于陆上丝绸之路,还有另一种形式的丝绸之路——海上丝绸之路,你想不想去看看呀?要看就快走啦!"

台台撅着小嘴巴,轻声嘟囔着:"那好吧。"

兰兰催促着:"快走吧,肯定不会让你失望的。"

丝绸之路与苏州丝绸文化

海上丝绸之路概说

一会儿工夫,时空机带着兰兰、台台来到了蔚蓝的大海边。

"姐姐,快看那边,是大海吧!这可是我一直心心念念想来的地方呀!"此刻台台又雀跃了起来,早已经忘记了刚才的不快。

兰兰见弟弟开心了起来,欣慰地说:"你看姐姐没骗你吧。"

台台拍着小手连连叫好。

兰兰转过话题:"姐姐让你来看大海,可不光是带你来欣赏海景,还有别的意图呢。"

台台追问道:"啊……还有什么呀?"

"刚刚不是说了吗,古老的丝绸之路除了有名的陆上丝绸之路外,还有海上丝绸之路。顾名思义,当然是与海有关啦。"兰兰说。

台台恍然大悟:"噢,难怪带我来看海,姐姐真

是有心了。那究竟什么是海上丝绸之路呢?"

兰兰指着大海,慢慢说道:"海上丝绸之路啊,是古代中国与外国交通、贸易和文化交流的海上通道,也称'海上陶瓷之路'和'海上香料之路'。这条航线是当时世界上最长的远洋航线,途经100多个国家和地区。"

台台迅速接话:"那说明这海上丝绸之路主要就是运输陶瓷、香料吧?"

"一开始不是这样的,隋唐时海上通道运送的主要大宗货物仍是丝绸。到了宋元时期,瓷器逐渐成为主要出口货物,因此这条通道又称作'海上陶瓷之路'。"兰兰想了想说。

台台接着问:"姐姐,香料也运输得很多吧?"

兰兰笑着说:"哈哈,对的,除了运输丝绸和陶瓷,当时输出的商品,有很大一部分是香料,因此这条通道也称作'海上香料之路'。海上丝绸之路只是个统称而已。"

台台好不容易弄懂了一些海上丝绸之路的相关知识,新的问题接踵而来:"姐姐,这些丝绸、陶瓷、香料在海上运输,是不是要用船来运输啊?"

兰兰用手轻轻点了点台台的小脑门儿:"脑袋瓜挺灵的嘛!"

台台开心地自语:"在海上么,肯定是坐船的呀,不然怎么走呢?"

"嗯,我国境内江河湖泊众多。先人们早在新旧石器交替时期已经开始制作最早的船只——独木舟了。"兰兰说。

台台一脸懵:"独木舟?我只知道船,独木舟是什么呀?"

兰兰解释道:"独木舟是一种用单根树干挖空做成的小舟,需要借助桨驱动。它可以说是人类最古老的水域交通工具之一。"

台台摸了摸小脑瓜:"那独木舟是什么时候演变为船的呢?"

"大约到了夏朝,独木舟发展为木板船。这时正是因为有了船,人们才开创了河运与航海的新时期。"兰兰说道。

台台赞扬道:"原来从独木舟发展到船是这么一回事儿啊。古代的中国人真优秀呀,我真为自己生在中国而感到自豪。"

兰兰跟台台说了很多有关海上丝绸之路的知识,她还想让台台多了解一些与苏州有关的海上丝绸之路的知识,于是带着台台前去参观苏州的海上丝绸之路遗址。

丝绸之路与苏州丝绸文化

海上丝绸之路三处遗址

时空机"嗖"地一下带他们来到了黄泗浦遗址。

台台愣了一下:"姐姐,这又是哪儿?"

兰兰读着遗址碑上面的内容:"全国重点文物保护单位,黄泗浦遗址。"随即对台台说,"这个就是著名的黄泗浦遗址。除了这个遗址外,海上丝绸之路还有另外两个遗址。"

台台有点晕:"哇,有这么多遗址啊!"

"嗯,还有两个分别是太仓浏河天妃宫遗迹和樊村泾元代遗址。"兰兰说。

台台又好奇了起来:"那这三处遗址有啥特别之处呢?"

兰兰一脸骄傲地说:"台台,这三处遗址都在苏州哦。"

"哇哦,居然都在苏州啊!"台台拍了拍小手。